Sandra fez uma linda bola de pano para jogar com sua amiguinha, mas, sem querer, a bola escapou de suas mãos e caiu num brejo. Pobre Sandra, queria tanto brincar!

Tentou apanhá-la, mas não conseguiu alcançá-la. De repente, um sapo saltou do brejo, trazendo a bola de volta. Mas que pena, a bola estava toda encharcada de lodo, pois o brejo era muito sujo.

— E agora, Sandra, o que vai fazer com a bola? — perguntou sua amiguinha. — Vai jogá-la fora?

— Não, vou lavá-la — respondeu Sandra.

— E esse sapo que veio com ela? Vai beijá-lo para que ele se transforme em um príncipe? — perguntou a amiga, brincando.

A Bola de Pano

Beatris

ide editora

— Eu?! Quero jogá-lo bem longe — respondeu Sandra, com cara de nojo.

— Mas que maldade, Sandra. Por quê?

— Porque odeio sapos! — exclamou a menina.

— Mas isso não se faz com bichinho algum. Sua mamãe nunca lhe disse que os animais são nossos irmãos menores?

— Que irmãos menores, que nada! Não gosto de sapos e pronto!

— Vai fazer uma maldade e isso não a incomoda? — perguntou sua amiga.

— Nem um pouco. Estou tão feliz com minha bola de volta!

— Mas você só a tem de volta porque o sapo a trouxe, senão estaria chorando.

— É... até pode ter razão, mas não quero pensar nisso — disse Sandra.

E lá se foram as duas meninas lavar a bola. Esfregaram, esfregaram e a mancha de lodo não saía. Esfregaram tanto que a linda bola de pano rasgou.

— E agora? O que vamos fazer? — perguntou Sandra.

— Vamos remendar esta ou fazer uma nova, mas para isso precisaremos de retalhos e não tenho nem um pedacinho de tecido em casa. Você tem? — perguntou sua amiga.

— Acho que não. Mas podemos pedir para minha tia, que é costureira — respondeu Sandra.

— Então, vamos até lá.

E lá se foram as meninas em busca de um retalho para consertar a bola de pano rasgada. No caminho encontraram o sapo que tirara a bola do poço.

— Como estão, meninas? Felizes com a bola que tirei do poço?

— Seu sapo feio e nojento, não queremos falar com você! — respondeu Sandra.

— Depois do que fiz por você, como pode me falar desse jeito?! — perguntou o sapo.

— Não gosto de sapos, muito menos de um sapo feio. — disse Sandra.

— Pois vou corrigir isso agora mesmo! — falou o sapo, bem zangado.

Dizendo isso, ele pulou sobre a bola que estava nas mãos de Sandra e jogou-a longe, e a menina, tentando impedir, acabou caindo no brejo. Agora era ela quem estava toda enlameada.

— Mas o que você fez?! Olhe como eu estou agora! Que coisa feia de se fazer.

— Ué, você não me chamou de sapo feio? Agora você está feia também.

E o sapo saiu pulando pelo brejo, fugindo da menina que estava com os olhos fuzilando de raiva.

— Você não vai me pegar! — gritava o sapo, mas, de repente, ele errou o pulo e caiu dentro de uma lata cheia de piche.

— Olha só o sapo! — exclamou Sandra, rindo. — Agora, ficou pretinho de piche!

E ela começou a cantarolar bem alto:

— Ô, sapo feio! Ô, sapo feio!

A amiga, vendo a gravidade do momento para o pobre sapo, pegou a barra de sua saia e, rasgando-a, limpou-o todinho, enquanto suas lágrimas de amor iam lavando o pobre bichinho que já estava sentindo muita falta de ar. E, quando terminou, o sapo pulou de suas mãos, transformando-se em um menino muito lindo.

— Mas o que é isso? — perguntou Sandra. — Era um sapo, e agora é um menino?!

E o garoto, humildemente, explicou, olhando para a amiguinha de Sandra:

— Fui encantado por fazer maldades. Só me desencantaria quando lágrimas de um coração puro me lavassem. E agora aqui estou. Devo tudo a você, linda menina.

— Estou muito feliz por tê-lo auxiliado. Mamãe me ensinou que devemos sempre fazer o bem e auxiliar aqueles que necessitam. Sua mamãe não ensinou isso a você? — perguntou a nova amiga do menino.

— Sim, mas eu nunca entendi o que queriam me dizer e como fiz uma maldade com um bichinho, fui transformado no animal que sempre detestei e pude sentir o quanto eles sofrem por serem discriminados. Aprendi que devemos ser bons com toda a natureza, mas isso você já sabia, pois me tratou bem, apesar da minha feia aparência — respondeu o menino, envergonhado.

— As aparências, às vezes, enganam. Isso mamãe sempre diz. Devemos amar as pessoas, os animais, e até as plantinhas — respondeu a menina.

— Mas e eu?! Vou me transformar em um sapo? — gritou Sandra, desesperada. — Foi por causa de minha bola que você saiu do brejo.

— Por sua causa quase morri. Não fosse a boa amiga que você tem, não sei o que seria de mim.

— Eu não quero virar sapo! Eu não quero virar sapo! Não, não, não...

— Tririmmmmmmmmmmmm!

— Acorde, Sandra, está na hora de ir para a escola — chamou sua mamãe, indo preparar o café.

— Ufa! Foi um sonho! Nunca mais vou maltratar os bichinhos. Mamãe tem razão: eles são nossos irmãos menores. De agora em diante vou ajudar todos eles com meu amor. Sei que poderei ajudar.

E Sandra, levantando-se, abriu a janela e olhou para o céu, dizendo:

— Muito obrigada, meu Deus, por tudo que me deu! Muito obrigada pelos bichinhos, agora, amigos meus!